Rätselspaß mit der Sesamstraße

Rätselspaß mit der Sesamstraße

Inhalt

Willkommen in der Sesamstraße!

Viel Spaß!

Immer wenn du eine Aufgabe geschafft hast,
darfst du 3 Felder in dem Puzzlebild auf Seite 68 ausmalen.
Am Schluss kommt eine Figur heraus, die du
bestimmt kennst! Ob du die richtigen Lösungen gefunden
hast, steht übrigens auf den Seiten 62 bis 67.

Und jetzt viel Spaß!

Dein

ERNIE

Was passt zu wem?

Fahre die geschlängelten Linien zuerst mit dem Finger nach,
dann mit einem Stift. So findest du heraus, welcher Gegenstand
zu welcher Sesamstraße-Figur gehört.

Das sind Ernie und Bert.
Vergleiche dieses Bild mit dem auf der rechten Seite.

14

Hier stimmt was nicht!

Hier haben sich 8 Unterschiede eingeschlichen.
Findest du sie? Kreuze sie mit einem Stift an.

Lauter Schulsachen

Was nimmt Bert mit in die Schule?
Kreuze die Dinge an.

Was kommt dann?

Elmo legt eine Musterstraße aus Bauklötzchen.
Aber einige Klötzchen fehlen. Male sie in der richtigen
Reihenfolge in die leeren Kästchen!

Bunte Blumen

Mariechen möchte Elmo einen bunten Blumenstrauß schenken.
Doch beim Pflücken erwischt sie auch ein paar weiße Blumen.
Male die Blumen in deinen Lieblingsfarben aus!

Welche Bilder sind gleich?

Nur 2 Bilder auf dieser Seite sind genau gleich.
Welche sind es? Kreuze sie an.

Graf Zahl liebt Zahlen

Auf welche Zahl zeigt Graf Zahl? Ist es die 1, die 2 oder die 3?
Die Zahl kommt auf dieser Seite öfter vor. Wie oft siehst du sie?
Male sie grün aus! Suche dir dann eine andere Zahl, und
male sie in einer anderen Farbe aus.

Ob groß oder klein – bunt muss es sein!

Die Freunde von der Sesamstraße wollen ihre Stühle bunt anmalen.
Der größte Stuhl gehört Bibo. Welche Stühle passen zu Ernie,
Elmo und dem Krümelmonster? Male jeden Stuhl in der Farbe aus,
die sein Besitzer in der Hand hält!

Schattenfiguren

Schau genau hin: Welcher Schatten gehört zu wem?
Ziehe von jeder Figur eine Linie zum passenden Schatten.

Welcher Umriss passt zu wem?

Zu jeder Figur gehört ein Umriss.
Ziehe eine Linie von jeder Figur zum passenden Umriss!

Wo ist links?

Bert
schaut nach
links.

Kreise alle Figuren ein, die nach links schauen.

Wo ist rechts?

Ernie
schaut nach
rechts.

Kreise alle Figuren ein, die nach rechts schauen.

Zahlenfelder

1 = ●
2 = ○
3 = ●
4 = ●
5 = ●
6 = ●

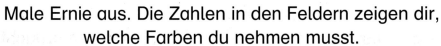

Male Ernie aus. Die Zahlen in den Feldern zeigen dir,
welche Farben du nehmen musst.

Backspaß mit dem Krümelmonster

Das Krümelmonster möchte einen Kuchen backen.
Male alles aus, was man zum Kuchenbacken braucht!

Wo ist Elmo?

Zoe sucht Elmo. Hilf ihr, ihn zu finden! Male seinen Körper rot und seine Nase orangefarben aus. Danach kannst du alle Tiere ausmalen, die sich in dem Bild versteckt haben.

Bitte aufräumen!

Hier siehst du ein paar Dinge, die im Wohnzimmer
nichts zu suchen haben. Kreuze alle Gegenstände an, die
nicht ins Wohnzimmer gehören!

Unter dem Apfelbaum

Elmo steht **unter** dem Apfelbaum.

Schau dir die 4 Bilder auf dieser Seite genau an.
Kreise alle Figuren und Gegenstände ein, die **unter** etwas
anderem sind.

Über dem Haus

Die Sonne scheint **über** dem Haus.

Sieh dir auch diese Bilder genau an. Kreise hier alles ein, was sich **über** etwas anderem befindet.

Eins für Ernie, eins für Bert ...

Ernie und Bert haben jeweils 2 gleiche Spielsachen geschenkt bekommen – aber sie haben sie mit anderem Spielzeug vermischt. Wenn du 2 gleiche Gegenstände entdeckst, male um einen davon einen roten Kringel und um den zweiten einen blauen! Die rot eingekreisten Sachen gehören Ernie, die blau umkringelten Dinge gehören Bert.

Ein Pulli für Bert

Bert möchte sich einen Pullover kaufen,
der das gleiche Muster hat wie sein alter. Mach
ein Kreuzchen neben den richtigen Pulli!

Lauter Schlangen

Welche ist die kürzeste Schlange? Mach ein rotes Kreuzchen
neben ihren Kopf. Findest du auch die längste Schlange?
Mach ein grünes Kreuzchen neben ihren Kopf.
Denke dir verschiedene Muster für die Schlangen aus, und
male sie schön bunt aus.

Wo sind die Unterschiede?

Im unteren Bild haben sich 10 Unterschiede eingeschlichen.
Findest du sie? Kreise sie ein.

Lecker, lecker!

Male alle essbaren Dinge aus, die du hier siehst.
Zähle sie. Sind es 5, 6 oder 7?

Alles am richtigen Platz?

Grobi muss aufräumen. Jeder Gegenstand gehört an einen bestimmten Platz. Findest du die Wege durchs Labyrinth? Probiere es erst mit dem Finger und dann mit einem Stift.

Ein Bild von Ernie ...

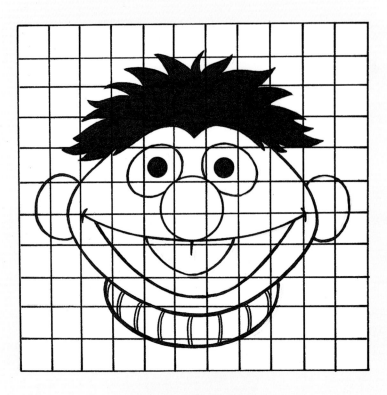

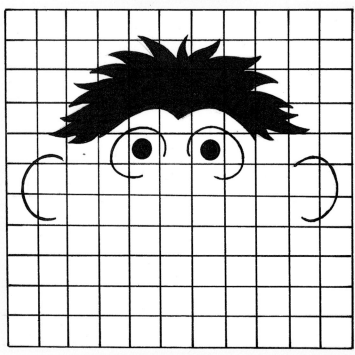

Male das untere Bild von Ernie fertig. Zähle dazu die Kästchen ab,
die du nach rechts, nach links, nach oben oder unten gehen musst.

... und eins von Bert

Male jetzt Bert fertig. Zähle wieder die Kästchen ab. Wenn du
Ernie und Bert gezeichnet hast, kannst du sie bunt ausmalen.

Samsons Urlaubsfoto

Samson hat von seinem Lieblings-Urlaubsfoto einen
2. Abzug machen lassen. Aber im Fotolabor ist etwas schief gegangen.
Kreise die 10 Unterschiede im unteren Bild mit einem Stift ein!

Sommer und Winter

Welche Dinge auf dieser Seite gehören zum Sommer, welche zum Winter?
Kreuze alles rot an, was zum Sommer gehört. Neben die Dinge,
die zum Winter gehören, machst du ein blaues Kreuzchen.

Bert vor, noch ein Tor!

Welche Bälle sind genauso groß wie der Ball,
den Bert in der Hand hält? Zähle sie, und male sie bunt aus.

Was gehört wem?

Ernie und Bert haben ihre Sachen durcheinander gebracht.
Hilfst du ihnen beim Sortieren? Male grüne Pfeile neben die Dinge,
die zu Bert gehören. Neben Ernies Sachen malst du rote Pfeile.

Herzlichen Glückwunsch!

Ernie und Bert haben das Zimmer für Mariechens
Geburtstagsfeier geschmückt – und dabei überall Herzchen versteckt.
Findest du sie? Male alle Herzchen rot aus!

Im Schwimmbad

Die Freunde von der Sesamstraße verbringen den Tag im
Schwimmbad. Aber was ist das? Da haben sich
ein paar Sachen eingeschlichen, die nicht hierher gehören.
Findest du sie? Kreuze sie mit einem Stift an!

Bitte auswählen!

Diese 6 Teddybären haben verschiedene Größen. Welcher ist am größten? Kreise die Zahl daneben ein. Welcher Teddy ist Samson am ähnlichsten? Mach einen Kringel um die Zahl neben ihm!

Frische Früchte

Ernie möchte einen Obstsalat machen. Dafür hat er
viele Früchte zusammengetragen – aber auch
ein paar andere Sachen, die nicht dazugehören. Kreuze
alles an, was nicht in den Obstsalat gehört!

Hier brauchst du Schwung!

Toll, wie Ernie Skateboard fahren kann! Fahre die Schleifen ein paar Mal mit dem Finger nach. Oben links geht es los, immer in Richtung der Pfeile. Versuche es dann mit einem Stift.

Auch Bert macht auf dem Skateboard eine gute Figur. Fahre die Schleifen zuerst mit dem Finger, dann mit dem Stift nach.

Dreiecksformen

Elmo mag Dreiecke – und das sieht man
seinem Zimmer an. Findest du alle Dreiecke?
Male sie bunt aus!

Wo ist Oskars Tonne?

Schau genau hin: Welche Tonne gehört zu Oskar?
Mach ein Kreuzchen neben die richtige Tonne!

Lustiges Kartenspiel

Ernie und Bert spielen Karten. Wer die meisten
Kartenpaare hat, gewinnt. Hilf den beiden, und verbinde
jeweils 2 gleiche Karten mit einer Linie!

Aufgepasst!

2 + 1 = 3

3 + 2 = 5

6 + 2 = 8

3 + 4 = 7

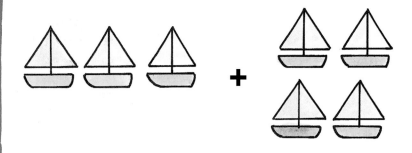

2 + 2 = 4

Ziehe eine Linie von jeder Bildaufgabe zur passenden Rechenaufgabe.
Graf Zahl macht dir vor, was zusammengehört.

54

Grün, oder was?

Kannst du dem Krümelmonster helfen? Alles, was grün ist,
soll in den oberen Korb. Alles andere gehört in den unteren Korb.
Male alle Früchte, Tiere und Pflanzenteile in den richtigen Farben aus,
und ziehe eine Linie von jedem Bild zum richtigen Korb.

Wer braucht was?

Die Freunde von der Sesamstraße stellen sich ihre Traumberufe vor.
Was gehört zu welchem Beruf?
Ziehe eine Linie von jedem Gegenstand zum passenden Beruf.

Auch hier musst du genau hinschauen: Wer braucht was?
Verbinde jeden Gegenstand mit dem richtigen Beruf!

Welcher Weg führt zum Ziel?

Das Krümelmonster hat Riesenappetit auf Kekse.
Hilf ihm, den Weg zu den Keksen zu finden! Fahre die Strecke
erst mit dem Finger und dann mit einem Stift nach.

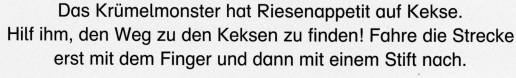

Welcher Hut gehört zu wem?

Finde für alle die richtige Kopfbedeckung!
Ziehe eine Linie von jeder Figur zum passenden Hut.

Muster malen

Für Elmos Geburtstagsfeier bemalen die Freunde bunte Girlanden.
Setze die Muster fort, und male die Girlanden farbig aus!

Blasser Bert?

1 =
2 = ●
3 = ○
4 = ○
5 = ●
6 = ○

Bert ist ein bisschen blass – aber das kannst du ändern!
Male Bert bunt aus. Die Zahlen in den Feldern zeigen dir, welche
Farben du nehmen musst.

Auflösungen

Seite 13:
Was passt zu wem?
Ernie: Quietscheentchen,
Finchen: Brille, Bert: Vogel,
Krümelmonster: Kekse

Seite 14/15:
Hier stimmt was nicht!
Das sind die 8 Unterschiede:

Seite 16:
Lauter Schulsachen
Bert nimmt den Pinsel, den Radier-
gummi, die Stifte, den Anspitzer, das
Buch, das Heft, das Lineal und die
Schultasche mit in die Schule.

Seite 17:
**Was kommt
dann?**
So sieht die
fertige Muster-
straße aus:

Seite 19:
Welche Bilder sind gleich?
Das Bild links oben und das Bild
rechts unten sind gleich.

Seite 20:
Graf Zahl liebt Zahlen
Graf Zahl zeigt auf die 3. Sie kommt
auf dieser Seite 7-mal vor.

Seite 21:
**Ob groß oder klein – bunt muss es
sein!**
Die Stühle gehören (von links nach
rechts) Elmo, dem Krümelmonster,
Bibo und Ernie.

Seite 22: **Schattenfiguren**
Hast du die Linien richtig gezogen?

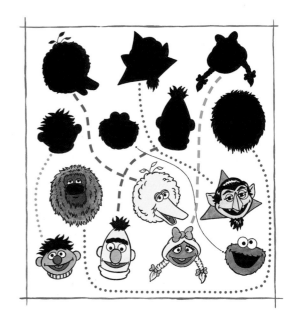

Auflösungen

Seite 23:

Welcher Umriss passt zu wem?

Hast du die passenden Umrisse gefunden?

Seite 24:

Wo ist links?

Nach links schauen Mariechen, Elmo und Graf Zahl.

Seite 25:

Wo ist rechts?

Nach rechts schauen Grobi, Oskar und das Quietscheentchen.

Seite 27:

Backspaß mit dem Krümelmonster

Zum Kuchenbacken braucht das Krümelmonster die Schüssel, die Butter, die Eier, den Zucker, die Kuchenform, das Mehl, den Schneebesen und den Herd.

Seite 28:

Wo ist Elmo?

Elmo hat sich rechts oben im Bild versteckt.

Seite 29:

Bitte aufräumen!

Das Schlauchboot, die Inline-Skates und der Reifen gehören nicht ins Wohnzimmer.

Seite 30:

Unter dem Apfelbaum

Der Krug steht **unter** der Hängematte, die Lupe liegt **unter** dem Liegestuhl, Ernie ist **unter** dem Regenschirm.

Seite 31:

Über dem Haus

Der Federball fliegt **über** das Netz, die Wolke steht **über** dem Wasser, der Vogel flattert **über** dem Nest.

Seite 33:

Ein Pulli für Bert

Der Pulli links in der Mitte ist der richtige.

Auflösungen

Seite 34:

Lauter Schlangen

Die kürzeste Schlange ist die 2. von unten in der Bildmitte. Die längste Schlange schlängelt sich von rechts oben nach links unten quer durchs Bild.

Seite 35:

Wo sind die Unterschiede?

Das sind die 10 Unterschiede:

Seite 36:

Lecker, lecker!

Es sind 6 essbare Dinge: Käse, Wurst, Tomate, Spiegelei, Apfel, Banane.

Seite 37:

Alles am richtigen Platz?

Hast du die Wege gefunden?

Seite 40:

Samsons Urlaubsfoto

Das sind die 10 Unterschiede:

Auflösungen

Seite 41:

Sommer und Winter

Zum Sommer gehören:
Schwimmreifen, Marienkäfer,
Eisbecher, Taucherbrille mit
Schnorchel, Eimer und Schaufel,
Kirschen, Schwimmflossen, Badehose.
Zum Winter gehören: Mütze, Skier,
Handschuhe, Schal, Schneemann,
Schlitten.

Seite 42:

Bert vor, noch ein Tor!

Diese 5 Bälle sind genauso groß wie
Berts Ball:

Seite 43:

Was gehört wem?

Hast du die Pfeile in den richtigen
Farben ins Bild gemalt?

Seite 45:

Im Schwimmbad

Nicht ins Schwimmbad gehören: der
Sessel, der Stuhl, der Spaten, der
Hammer, die Skier, der Roller, der
Gummistiefel und das Seil.

Seite 46:

Bitte auswählen!

Der größte Teddy ist der mit der
Nummer 3.
Der Teddy mit der Nummer 6 ist
Samson am ähnlichsten.

Auflösungen

Seite 47:

Frische Früchte

Die Brezel, der Zimtstern, die Würste, die Bonbons und die Tomaten gehören nicht in den Obstsalat.

Seite 51:

Wo ist Oskars Tonne?

Zu Oskar gehört die Tonne unten rechts.

Seite 52/53: **Lustiges Kartenspiel**

Hast du die Kartenpaare richtig zugeordnet?

Seite 54:

Aufgepasst!

Hast du's gewusst?

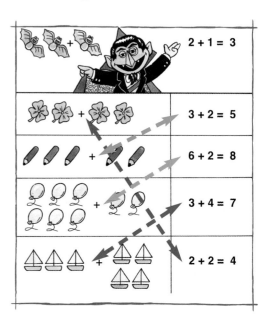

Seite 55:

Grün, oder was?

In den oberen Korb gehören der Frosch, die Gurken, das Blatt, die Paprika und das Kleeblatt.

In den unteren Korb gehören die Erdbeeren, die Karotten, die Zitronen, die Pilze, die Banane und die Kirschen.

Auflösungen

Seite 56/57:

Wer braucht was?

Hast du die Gegenstände richtig zugeordnet?

Seite 58:

Welcher Weg führt zum Ziel?

Hast du den Weg gefunden?

Seite 59:

Welcher Hut gehört zu wem?

Hast du die Kopfbedeckungen richtig zugeordnet?

Wer hat sich hier versteckt?

● blau	▲ grün	☐ hellblau	● schwarz

Immer wenn du eine Aufgabe geschafft hast, darfst du hier 3 Felder ausmalen. Die Zeichen in den Feldern zeigen dir, welche Farben du nehmen musst. Am Schluss kommt eine Figur heraus, die du bestimmt kennst!

Auf Wiedersehen!

Ich hoffe, das Rätsellösen hat dir viel Spaß gemacht!

Dein

BERT